Sandra Sitzmann / Birte Voltmer

Materialien und Kopiervorlagen

zur Klassenlektüre

Werner Färber

Die 3a

im Weihnachtstrubel

Total klasse!

Hase und Igel®

Inhalt

Das Buch / Das Material 3

Hinweise zur Unterrichtsgestaltung und zu den Kopiervorlagen 4

Kopiervorlagen:

1. und 2. Kapitel   Wochenende und Weihnachtsgrippe 15
                         Weihnachtsbräuche 16

3. bis 5. Kapitel   Wer feiert welches Fest? 17
                         Chanukka 18
                         Der Dreidel 20
                         Fastenbrechen 21
                         Lokum 23
                         Weihnachten in anderen Ländern 24

6. bis 8. Kapitel   In der Weihnachtswerkstatt 26
                         Was stimmt hier nicht? 27

9. bis 11. Kapitel   Nikolaus und Weihnachtsmann 28
                         Überraschungen 29

12. und 13. Kapitel   Die Heilige Nacht – Ein Krippenspiel 30
                         Schöne Weihnachtszeit 32

© 2011 Hase und Igel Verlag GmbH, Frei-Otto-Straße 18,
80797 München, service@hase-und-igel.de
www.hase-und-igel.de
Lektorat: Karin Bawidamann
Illustrationen: Elisabeth Holzhausen (aus der Lektüre)
und Johann Brandstetter
Satz: Helga Lindemann
Druck: Joh. Walch GmbH & Co. KG, Im Gries 6,
86179 Augsburg, kontakt@walchdruck.de

ISBN 978-3-86760-456-7
2. Auflage 2025

Das Buch

Was genau feiern Christen an Weihnachten? Wie leben gläubige Muslime? Und warum heißt Gott bei den Juden Jahwe? In vielen Grundschulklassen treffen Kinder verschiedener Glaubensrichtungen und unterschiedlicher Kulturkreise aufeinander. Gerade die Advents- und Weihnachtszeit mit ihren zahlreichen religiösen Bräuchen bietet vielfältige Möglichkeiten für einen spannenden Gedanken- und Erfahrungsaustausch innerhalb der Klasse. Das Buch „Die 3a im Weihnachtstrubel" von Werner Färber kann zu einem solchen Austausch anregen und ihn vielseitig begleiten.

Lebensnah und mit viel Humor erzählt die Geschichte, wie es den Drittklässlern trotz einiger Stolpersteine gelingt, gemeinsam eine stimmungsvolle Adventszeit zu erleben. Als die Klassenlehrerin Frau Besenbinder Ende November ihren Schülern den Auftrag erteilt, sich über das wichtigste Fest des Jahres Gedanken zu machen, denkt sie dabei an Weihnachten und die dazugehörigen Bräuche. Doch schnell stellt sich heraus, dass viele Kinder andere religiöse Feste feiern und eigene Familientraditionen pflegen. Dennoch möchte Frau Besenbinder ihren Schülern das christliche Weihnachtsfest und seine Besonderheiten nahebringen und bastelt einen Adventskalender, bindet einen Adventskranz, führt den Brauch des Wichtelns ein und singt mit der Klasse Weihnachtslieder. Da sich für die ursprünglich geplante Adventsfeier zu wenig Eltern anmelden, arrangiert die 3a eine Überraschungsfeier für die Lehrerin, die den Einfluss der verschiedenen Kulturen der Klasse widerspiegelt.

Neben den spannend geschilderten Beziehungen der Kinder untereinander werden die verschiedenen Feste und Bräuche thematisiert, die die Schüler in ihren Familien traditionellerweise feiern. So ergeben sich zahlreiche Identifikationsmöglichkeiten für alle Kinder Ihrer Klasse und das Verständnis gegenüber anderen Kulturkreisen und deren Sitten wird gefördert.

Das Buch eignet sich sehr gut als Lektüre in einer 3. oder 4. Klasse. Es ist in 13 überschaubare Kapitel gegliedert und enthält farbige Illustrationen, die die Kinder zusätzlich zum Lesen motivieren und das Textverständnis unterstützen.

Das Material

Das vorliegende Begleitmaterial gliedert sich in zwei Teile. Auf den ersten Teil mit didaktischen Hinweisen (bis Seite 14) folgen die Kopiervorlagen. Die 13 Kapitel des Buches sind zu fünf Sinneinheiten zusammengefasst. Im Lehrerteil befindet sich zu jeder Einheit zunächst eine kurze Inhaltsangabe. Darauf folgen Gesprächs- und Schreibanlässe, Anmerkungen zu den Kopiervorlagen, Lösungen sowie weiterführende Unterrichtsvorschläge.

Die Kopiervorlagen können direkt im Unterricht eingesetzt werden. Im Vordergrund stehen die Themen „Weihnachten" und „Bräuche anderer Religionen und Länder" sowie Kopiervorlagen zur Überprüfung des Textverständnisses. Die Schüler beschäftigen sich darüber hinaus mit christlichen Adventsbräuchen, dem jüdischen Chanukka-Fest und dem islamischen Fastenbrechen. Sie ordnen Informationen über den Weihnachtsmann und den Nikolaus richtig zu, basteln einen Dreidel, lernen das Rezept für Lokum kennen und studieren ein Krippenspiel ein. Neben Angeboten zum Deutschunterricht werden in diesem Materialband auch Arbeitsblätter für die Bereiche Mathematik, Sachunterricht und Religion/Ethik angeboten.

Auf jeder Kopiervorlage befindet sich eine Symbolleiste, die verdeutlicht, welche Arbeitstechniken angewendet werden:

| lesen | schreiben | rechnen | malen/basteln | spielen | kochen |

Das Buch im Unterricht

Da die Geschichte in der Vorweihnachtszeit spielt, bietet es sich an, sie auch während dieser Zeit in Ihrer Klasse zu lesen. Um die Kinder auf die Thematik einzustimmen, können Sie zunächst mit Symbolen als Gesprächsimpulse arbeiten: Benutzen Sie traditionelle christliche Weihnachtssymbole wie Sterne, Tannenzweige, Engel, Kugeln oder Kerzen. Zudem sollten Sie auch andere Religionen in Ihrer Klasse berücksichtigen und Dinge, die einen Symbolcharakter für deren bedeutendste Feste haben, z. B. Gebetsteppich oder Chanukka-Leuchter, mitbringen bzw. mitbringen lassen. Es ist auch möglich, passende Bilder in Sachbüchern oder im Internet zu suchen. Legen Sie diese als stummen Impuls in die Mitte eines Stuhlkreises und warten Sie auf Reaktionen der Schüler. So verschaffen Sie sich einen ersten Überblick über den Kenntnisstand in Ihrer Klasse.

Lassen Sie alternativ jedes Kind einen Gegenstand mitbringen, der in seiner Familie bedeutsam für das wichtigste Fest des Jahres ist. Dies ist natürlich nur mit Zustimmung der Eltern möglich. Die Gegenstände können im Erzählkreis genauer vorgestellt werden.

Gesprächs- und Schreibanlässe

Die Vorweihnachtszeit beginnt.
- Wie könnt ihr die Adventszeit gemeinsam in der Klasse gestalten?
- Welche Feste stehen in dieser Zeit bevor?
- Was magst du an dieser Zeit besonders? Was gefällt dir nicht so gut?

Der Titel des Buches lautet „Die 3a im Weihnachtstrubel".
- Was könnte mit diesem „Trubel" gemeint sein?
- Ist es bei dir zu Hause vor Weihnachten oder einem anderen wichtigen Fest auch manchmal stressig? Warum? Was kannst du dagegen tun?

Inhalt

Während einer Unterrichtsstunde kurz vor dem Start ins Wochenende fotografiert Herr Schaufelberger, Frau Besenbinders Freund, die Schule. Weder Besi noch ihr Freund möchten den Kindern jedoch verraten, wieso. Auch mit der Hausmeisterin Frau Lukas scheint die Lehrerin ein Geheimnis zu haben. Bevor sie ihre Klasse ins Wochenende entlässt, erinnert Frau Besenbinder sie noch einmal daran, nächste Woche die Wichtelgeschenke mitzubringen, und gibt eine Hausaufgabe: Die Schüler sollen überlegen, wie sie in ihren Familien das wohl wichtigste Fest des Jahres feiern.

Auf dem Weg nach Hause unterhalten sich bereits einige Kinder darüber, ob und wie sie Weihnachten begehen. Dabei kommen verschiedene Weihnachtsbräuche zur Sprache, aber auch über die Feste anderer Religionen wird gesprochen. Alle scheinen sich auf die Adventszeit zu freuen, nur Pia und Leo haben schlechte Laune.

Gesprächs- und Schreibanlässe

Besi hat Geheimnisse mit Herrn Schaufelberger und Frau Lukas.
- Wieso fotografiert Besis Freund wohl die Schule?
- Was könnten die beiden Frauen vorhaben?
- Gibt es bei dir zu Hause auch viele Geheimnisse in der Adventszeit?

Die Klasse soll Wichtelgeschenke mitbringen.
- Woher kommt der Begriff „wichteln"? Was ist ein Wichtel?
- Hast du schon einmal gewichtelt? Was hast du verschenkt?
- Welche Geschenke eignen sich besonders gut zum Wichteln?
- Findest du es besser, schöne Geschenke zu wichteln (klassisches Wichteln), oder würdest du lieber lustige oder unnütze Geschenke wichteln („Schrottwichteln")?

Wenn es unruhig in der Klasse ist, benutzt Frau Besenbinder den Spruch „Wenn der Kuchen redet, schweigen die Krümel".

- Welche Bedeutung hat der Spruch?
- Gibt es in deiner Klasse oder in deiner Familie einen ähnlichen Spruch? Wie lautet er? Wann und von wem wird er benutzt?

Als Hausaufgabe sollen sich die Kinder der 3a überlegen, wie sie in ihren Familien das wohl wichtigste Fest des Jahres feiern.

- Welches Fest ist in deiner Familie „das wichtigste des Jahres"? Wie feiert ihr es?

Auf dem Nachhauseweg sprechen einige Kinder der 3a über die Weihnachtshektik.

- Wie kommt es zu dem vorweihnachtlichen Stress? Was tun die Kinder dagegen?

Hinweise zu den Kopiervorlagen

 KV Seite 15 **Wochenende und Weihnachtsgrippe**
Zur Überprüfung des Textverständnisses der ersten beiden Kapitel schneiden die Schüler die Sätze aus und bringen sie in die richtige Reihenfolge. Bei korrekter Zuordnung ergibt sich ein Bild, das eine selbstständige Lösungskontrolle ermöglicht. Anschließend kleben die Kinder den Text auf ein Blatt. Leistungsschwächere Schüler dürfen zur Bearbeitung der Aufgabe ihr Buch zu Hilfe nehmen.

Lösung

Als sie aus dem Fenster sehen, entdecken Ulli und Murat Frau Besenbinders Freund Herrn Schaufelberger. Er fotografiert die Schule.

Nach der Unterbrechung bittet Besi die Kinder, nächste Woche ihre Wichtelgeschenke mitzubringen.

Dragan verrät daraufhin, dass er seine doppelten Fußballbilder wichteln möchte. Auch Leo verplappert sich: Er hat ein Stirnband gehäkelt.

Vor dem Wochenende gibt Frau Besenbinder eine Hausaufgabe: Sie möchte am Montag erfahren, wie die Kinder in ihren Familien das wohl wichtigste Fest des Jahres feiern.

Auf dem Nachhauseweg meint Qadir, dass er weder Weihnachten noch Ramadan feiert.

Anschließend berichtet Xaver, dass seine Eltern ab dem 1. Dezember eine Krippe aufstellen. Murat verwechselt das Wort mit Grippe.

Als Letzte erzählt Corinna, dass sie ihre Geschenke wie in England erst am 25. Dezember auspacken darf.

Zum Schluss verabschieden sich die Kinder an der Straßenkreuzung voneinander.

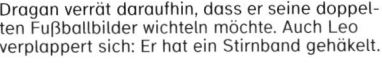

Das Christentum

Das Christentum ist die am weitesten verbreitete Religion der Welt. Mehr als zwei Milliarden Menschen gehören entweder der römisch-katholischen, der protestantischen oder einer orthodoxen Kirche an. Gemeinsam ist allen Christen der Glaube an Gott, seinen Sohn Jesus Christus, den Heiligen Geist und die Wiederauferstehung von den Toten.

Die Wurzeln des Christentums liegen im jüdischen Glauben. Von den Juden übernahmen die Christen auch das Alte Testament, den ersten Teil ihrer heiligen Schrift, der Bibel. Im zweiten Teil der Bibel berichten die vier Evangelisten Markus, Matthäus, Lukas und Johannes über Jesus und sein Leben.

Die wichtigsten Feste und Termine im christlichen Kirchenjahr sind:
- Weihnachten mit vorausgehender vierwöchiger Adventszeit als Vorbereitung auf die Geburt Jesu
- die Fastenzeit, die am Aschermittwoch beginnt und 40 Tage dauert
- Palmsonntag, der eine Woche vor Ostersonntag den Einzug Jesu in Jerusalem feiert
- Ostern, das immer am Sonntag nach dem ersten Frühjahrsvollmond stattfindet und an die Auferstehung Jesu erinnert
- Pfingsten, bei dem 50 Tage nach Ostern an die Entsendung des Heiligen Geistes gedacht wird.

Jeder, der sich taufen lässt und zu Gott bekennt, kann Christ werden. Als Jugendliche bestätigen Christen bei der Konfirmation (evangelisch) oder Firmung (katholisch) ihren Glauben.

 KV Seite 16 **Weihnachtsbräuche**
Indem die Schuler den Lückentext mit den vorgegebenen Wörtern ergänzen, erhalten sie Informationen zu einigen bekannten Adventsbräuchen, die in der Lektüre angesprochen werden. Mithilfe der Seite können sich Kinder anderer Religionen über die christlichen Traditionen informieren. Bestimmt erfährt aber auch das ein oder andere christlich getaufte Kind Neues über die eigene Konfession.

Lösung

Im Christentum kennt man für die Adventszeit viele Bräuche: Die Menschen hängen oder stellen einen Adventskranz aus Tannenzweigen auf. Diese Tradition gibt es seit 1839. Damals wurde an jedem Adventstag eine Kerze angezündet. Heute benutzt man nur noch vier große Kerzen für die Adventssonntage. Ab dem 1. Dezember zählen die

Kinder die Tage bis Weihnachten mit einem <u>Adventskalender</u>. Früher malten die Menschen 24 Striche mit <u>Kreide</u> an die Tür. Jeden Tag durfte ein Strich weggewischt werden. Schon vor langer Zeit holte man im Winter grüne <u>Zweige</u> als Symbol für das Leben ins Haus. Vor etwa 400 Jahren gab es dann den ersten <u>Weihnachtsbaum</u>. Er wurde immer beliebter, doch da Wachs sehr teuer war, konnten es sich zuerst nur reiche Leute leisten, <u>Kerzen</u> an ihrem Baum brennen zu lassen. Am 4. Dezember feiert man das Fest der heiligen Barbara. Dabei werden Äste von Obstbäumen in eine <u>Vase</u> gestellt. Sie sollen bis zum Heiligen Abend blühen. Weihnachten fällt in die gleiche Zeit wie das römische <u>Fest</u> zu Ehren des Gottes Saturn. Schon die Römer verteilten zu diesem Anlass <u>Geschenke</u>. Heute beschenken sich Christen aus <u>Freude</u> über die Geburt Jesu Christi und erinnern damit an die Geschenke der Heiligen Drei Könige.

Weitere Unterrichtsvorschläge

- Übernehmen Sie die Idee des Wichtelns für Ihre Klasse. Überlegen Sie gemeinsam mit den Schülern, ob sie lieber klassisch wichteln oder „Schrottwichteln" möchten. Im ersten Fall bitten Sie die Kinder, ein kleines Geschenk zu basteln oder zu kaufen. Legen Sie dazu aber unbedingt einen Höchstbetrag fest. Die Schüler sollen ihr Geschenk verpackt mit in die Schule bringen. Beim Schrottwichteln darf jedes Kind einen unnützen, hässlichen oder besonders lustigen Gegenstand als Wichtelgeschenk vorbereiten. Sind alle Geschenke vergeben, kann das Wichteln in Form eines Spiels fortgesetzt werden: Lassen Sie die Kinder ihr Geschenk mit in die Schule bringen. In einem bestimmten Zeitraum (ca. 10 Minuten) würfeln die Schüler reihum. Bei jeder 6 dürfen sie ihr Geschenk gegen das eines anderen Kindes tauschen, das ihnen besser gefällt. Ist die Zeit abgelaufen, verbleibt das Geschenk bei dem momentanen Besitzer.
- In Anlehnung an das Missverständnis mit „Grippe" und „Krippe" können Sie mit den Kindern das „Teekesselchen"-Spiel spielen. Immer zwei Schüler suchen sich einen doppeldeutigen Begriff aus und machen sich Notizen zu den beiden Bedeutungsfeldern. Vor der Klasse nennen sie jeweils Eigenschaften ihres Begriffs, ohne jedoch das Wort zu nennen. Die anderen Kinder müssen raten, um was es sich handelt.
  Mögliche Wörter sind:
  Schimmel, Schloss, Strauß, Fliege, Bank, Mutter, Ball, Decke, Hahn, Gericht, Birne.

3. bis 5. Kapitel

Inhalt

Frau Besenbinder hat im Klassenzimmer einen großen Adventskranz aufgehängt. Als die Klasse wie an jedem Montag ihren Sitzkreis startet und die Lehrerin die Rückmeldungen für die geplante Adventsfeier einsammelt, fällt auf, dass viele Eltern nicht kommen können. Manche sagen ab, weil sie als Juden oder Moslems einer anderen Konfession angehören, andere haben an diesem Termin bereits Verpflichtungen.

Die Kinder berichten anschließend im Morgenkreis über verschiedene Weihnachtsbräuche und wie man Weihnachten im Herkunftsland ihrer Eltern feiert. Manche Schüler erzählen auch, dass andere Tage im Jahr für sie am wichtigsten sind. Da nicht einmal die Hälfte der Eltern für die Adventsfeier zugesagt hat, entschließt sich Besi, das Fest abzusagen.

Wie schon zu Beginn der Pause entbrennt auch danach ein heftiger Streit unter den Kindern über die Zuständigkeit für den Adventskranz. Die Lehrerin beauftragt Ulli, einen Plan zu erstellen, wer wann die Kerzen anzünden und auspusten darf. Außerdem teilt sie ihrer Klasse die Idee der Schule mit, eine Fensterfront des Gebäudes als riesigen Adventskalender zu präsentieren. Dazu dürfen die Klassen ihre zugeteilten Fenster gestalten, die dann enthüllt und angestrahlt werden. Die 3a übernimmt den 6., den 13. und den 22. Dezember.

Gesprächs- und Schreibanlässe

Frau Besenbinder hat das Klassenzimmer mit einem Adventskranz weihnachtlich geschmückt.
- Welche weihnachtlichen Dekorationen kennst du noch?
- Wie sieht der Adventskranz bei dir zu Hause aus?

Einige Eltern kommen nicht zur Adventsfeier, weil sie eine andere Religion haben.
- Was ist eine Religion?
- Welche Religionen kennst du?
- Gehörst du einer Religion an? Welcher?

Manche Kinder meinen, dass Weihnachten nicht das wichtigste Fest im Jahr ist.
- Was ist für dich der wichtigste Tag im Jahr? Weshalb?

- Welche Feste feierst du mit deiner Familie außer Weihnachten?

Gerits Mutter musste reanimiert werden.
- Kennst du die Bedeutung dieses Wortes? Erkläre.

In der Pause planen einige Jungen aus der 3a einen Streich, führen ihn aber nicht aus.
- Hast du auch schon einmal jemandem einen Streich gespielt? Was hast du gemacht?
- Welche Streiche sind lustig? Welche nicht? Warum sollte man es sich gut überlegen, ob man jemandem einen Streich spielt?

Hinweise zu den Kopiervorlagen

KV Seite 17 **Wer feiert welches Fest?**
Im 3. und 4. Kapitel werden einige Figuren des Buches näher vorgestellt. Die Schüler erfahren, welches Kind zu Hause welches Fest feiert. Weisen Sie leistungsschwächere Schüler darauf hin, dass einige der Informationen, die zur Bearbeitung der Kopiervorlage benötigt werden, bereits im 2. Kapitel auftauchen (zu Qadir und Corinna).

Mithilfe der Seite wiederholen Ihre Schüler das Gelesene und lernen dabei das Aussehen einzelner Protagonisten kennen.

Lösung

Er feiert gar nichts, weil seine Familie nicht gläubig ist.	Qadir
Er feiert Weihnachten. Seine Eltern beginnen am 1. Dezember damit, die Krippe aufzubauen. Bis zum 24. kommt täglich eine Figur hinzu.	Xaver
Sie feiert auch Weihnachten. Sie hat in England gelebt. Dort kommt Father Christmas zum ersten Weihnachtsfeiertag durch den Kamin und bringt Geschenke.	Corinna
Sie feiert Chanukka. Das ist das jüdische Fest der Tempelweihe.	Naomi
Ihr Vater kommt aus Schweden. Darum feiert ihre Familie am 13. Dezember das Fest der heiligen Lucia.	Vicky

Seine Familie feiert als wichtigstes Fest das Fastenbrechen am Ende des Ramadan.	Dragan
Seine Mutter kommt aus Süditalien. Dort gibt es die Geschenke an dem Tag, an dem die Heiligen Drei Könige den Stall erreicht haben, also am 6. Januar.	 Benno

Das Judentum

Das Judentum ist die älteste monotheistische Religion. Somit berufen sich das Christentum und der Islam häufig auf Überlieferungen aus dem Judentum. Die Religion geht zurück auf den Stammvater Abraham, der als Erster nur an einen Gott, im Hebräischen: Jahwe, glaubte. Heute bekennen sich etwa 14 Millionen Menschen zum Judentum. Jude ist jeder, dessen Mutter Jüdin ist.

Die Tora, das heilige Buch der Juden, besteht aus 613 Geboten, die in einem zweiten Buch, dem Talmud, erklärt werden. Viele Geschichten sind biblischen Erzählungen ähnlich, wie z. B. die Schöpfungsgeschichte. Danach hat Gott die Welt in sechs Tagen erschaffen und am siebten Tag geruht. Deshalb gibt es im Judentum den wöchentlichen Ruhetag Sabbat. Er beginnt am Freitagabend nach Sonnenuntergang und dauert bis Samstagabend. In dieser Zeit darf kein Jude arbeiten. Die Familie trifft sich, isst das vorbereitete Essen und liest in der Tora. Außerdem besucht sie gemeinsam die Synagoge, ihr Gotteshaus.

Eine weitere Vorschrift ist die Zubereitung von koscherem, das bedeutet: reinem, Essen. Jüdische Speisen dürfen nichts Unreines enthalten, wie z. B. Schweinefleisch, und Fleisch darf nicht mit Milch in Berührung kommen.

Neben dem Lichterfest Chanukka, bei dem man das Wunder der Tempelweihe feiert, ist das Pessachfest ein wichtiges Fest der Juden, bei dem an den Auszug der Israeliten aus Ägypten gedacht wird. Während dieser Zeit wird ungesäuertes Brot gegessen, um daran zu erinnern, dass die Israeliten auf ihrer Flucht keine Zeit hatten, Sauerteig herzustellen.

KV Seite 18/19 **Chanukka**
Eines der wichtigsten jüdischen Feste ist Chanukka, das auch Lichterfest genannt wird. Wie die Christen an Weihnachten schmücken auch jüdische Familien zu dieser Zeit ihr Zuhause mit vielen Kerzen.

Das Buch im Unterricht

Auf der ersten Seite erhalten die Schüler Informationen über Chanukka. Um das Leseverständnis der Kinder zu kontrollieren, schließen sich auf der zweiten Seite Aufgaben zum sinnentnehmenden Lesen an. Indem die Dienerkerze der Chanukkia angemalt wird, machen sich die Schüler noch einmal den besonderen Aufbau des Leuchters bewusst.

Lösung Seite 19

Aufgabe 1:

1. Juden **L**
2. acht Tage **I**
3. meistens im November oder Dezember **C**
4. Öl **H**
5. Lichterfest **T**
6. ein Kerzenleuchter **E**
7. einen Kreisel **R**

Das Lösungswort lautet: LICHTER.

**KV
Seite
20**

Der Dreidel

Wie auf der Kopiervorlage „Chanukka" beschrieben, wird in jüdischen Familien an den Chanukka-Abenden oft mit dem Dreidel gespielt.

Ihre Schüler können nun selbst einen Dreidel basteln und damit spielen. Am besten kopieren Sie dazu die Seite auf etwas festeres Papier. Außerdem benötigen die Kinder einen spitzen Bleistift, den sie durch den Kreisel hindurchstecken.

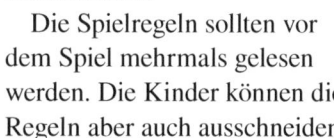
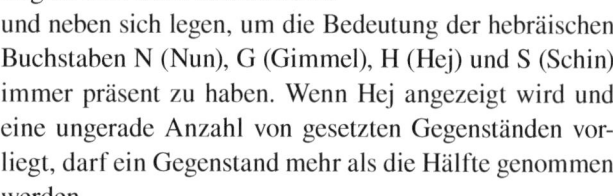

Die Spielregeln sollten vor dem Spiel mehrmals gelesen werden. Die Kinder können die Regeln aber auch ausschneiden und neben sich legen, um die Bedeutung der hebräischen Buchstaben N (Nun), G (Gimmel), H (Hej) und S (Schin) immer präsent zu haben. Wenn Hej angezeigt wird und eine ungerade Anzahl von gesetzten Gegenständen vorliegt, darf ein Gegenstand mehr als die Hälfte genommen werden.

Statt der verwendeten Süßigkeiten können Sie Ihren Schülern auch Glassteine, Perlen oder Ähnliches als Einsätze zur Verfügung stellen. Alternativ gestalten die Schüler selbst Kärtchen, auf denen sie ihren Namen und kleine Gefälligkeiten notieren, z. B.: „Ich spitze deine Stifte." oder „Ich trage deinen Sportbeutel." Der Gewinner der Gutscheine kann diese dann nach und nach beim jeweiligen Kind einlösen.

Der Islam

Über eine Milliarde Menschen rund um die Welt sind Moslems. Moslems oder Muslime nennt man die Menschen, die dem Islam angehören. Islam bedeutet wörtlich übersetzt „Hingabe". Im Islam gibt es einen Gott, Allah.

Der bedeutendste Prophet ist Mohammed. Darüber hinaus erkennen Muslime weitere Propheten an, unter anderem Jesus, Moses, Abraham und Noah. Man nimmt an, dass Mohammed im Jahre 570 unserer Zeitrechnung geboren wurde. Er war ein Kaufmann, der mit seiner Frau in Mekka lebte. Der Legende nach ging Mohammed auf den Berg Hira, um zu beten. Dort erschien ihm der Engel Gabriel, überbrachte ihm eine Botschaft Allahs und befahl ihm, sie an die Menschen weiterzugeben.

Von diesem Zeitpunkt an erhielt er immer wieder Botschaften, die später im Koran, dem heiligen Buch der Muslime, aufgeschrieben wurden. Jede einzelne Verkündigung nennt man Sure. Der Koran besteht aus 114 Suren, die sich aus über 6000 Versen zusammensetzen. Sie sind in arabischer Sprache verfasst.

Die wichtigsten Gebote des Islam nennt man „Die fünf Säulen":

1. Sich zu Allah und seinem Propheten Mohammed bekennen (Schahada)
2. Fünfmal täglich beten (Salat)
3. Pflichtabgabe an Notleidende (Zakat)
4. Im neunten Monat des islamischen Kalenders fasten (Saum)
5. Einmal im Leben eine Pilgerfahrt nach Mekka zur Kaaba machen (Hadsch).

**KV
Seite
21 / 22**

Fastenbrechen

Das Fasten im Monat Ramadan gehört zu den fünf Säulen des Islam. Von Sonnenauf- bis Sonnenuntergang dürfen Muslime dann weder essen noch trinken. Alte Menschen, Kinder, Kranke, Schwangere, stillende Mütter und Reisende sind davon befreit.

Das Fastenbrechen (arabisch: Id al-Fitr) ist für viele Moslems das bedeutendste Fest. Im Türkischen nennt man es „Şeker Bayrami", Zuckerfest, weil die Kinder viele Süßigkeiten geschenkt bekommen.

Da das Fastenbrechen gemeinsam mit dem Opferfest zu den höchsten allgemeinen islamischen Feiertagen gehört, können muslimische Schüler in Deutschland vom Unterricht befreit werden.

Mithilfe der ersten Seite lernen die Kinder den Islam und das Fest des Fastenbrechens genauer kennen. Auf der zweiten Seite wenden sie ihr Wissen an und fügen die Satzteile richtig zusammen. Anschließend sollen die Kinder sich Gedanken über eine Gemeinsamkeit von Christen und Moslems machen, denn auch im Christentum gibt es vor Ostern eine Fastenzeit.

Lösung Seite 22
Aufgabe 1:

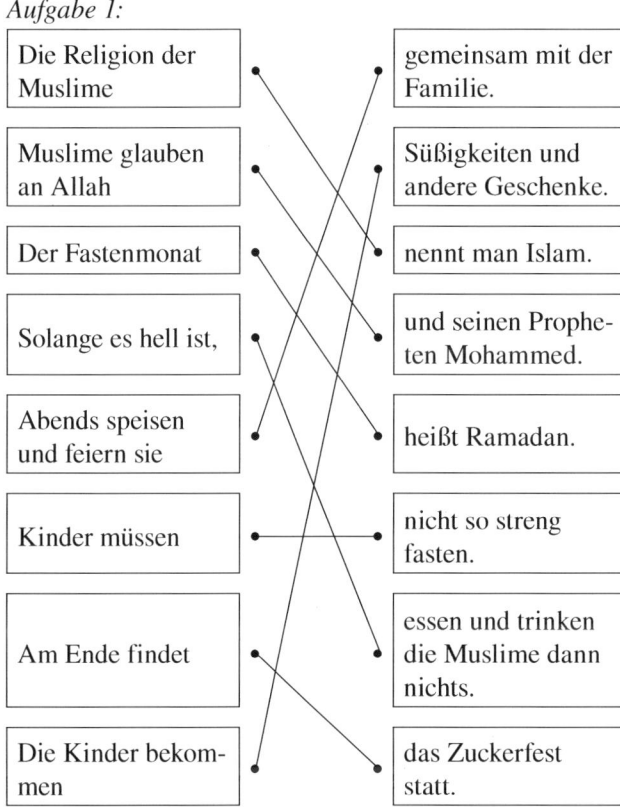

Aufgabe 2:
Christen fasten 40 Tage vor Ostern, um sich auf das Osterfest vorzubereiten. Die Zeit des Verzichts gilt als Buße und Umkehr.

Lokum
KV Seite 23

Dragan berichtet, dass seine Mutter zum Fastenbrechen Lokum, eine süße Spezialität, zubereitet. Das Rezept ist auf der Seite abgedruckt. Die Schüler sollen die Zutaten mit den richtigen Mengenangaben ergänzen. Hierfür ist genaues Lesen erforderlich. Außerdem müssen die Kinder die Menge des Reismehls zusammenzählen, um die Summe notieren zu können.

Im Anschluss können Sie gemeinsam mit der Klasse selbst Lokum herstellen, wenn Sie eine Schulküche an Ihrer Schule haben. Dabei ist allerdings Vorsicht geboten: Beim Kochen spritzt das Lokum häufig. Weisen Sie Ihre Schüler darauf hin und lassen Sie sie Backhandschuhe tragen, damit sie sich nicht die Finger verbrennen.

Lösung
• eine quadratische Backform (etwa 20–30 cm lang)
• ein sauberes Mulltuch
• 225 g Reismehl
• 1 kg Zucker
• 1200 ml Wasser
• einen Kochtopf und einen Kochlöffel
• eine Prise Salz
• 1 EL Zitronensaft
• ein großes Schneidebrett und ein Messer
• 1 Päckchen Kokosraspeln oder gehackte Mandeln
• etwas Puderzucker
• eine kleine Schüssel und einen Teller

Weihnachten in anderen Ländern
KV Seite 24/25

Anhand dieser Kopiervorlagen lernen die Kinder Weihnachtsbräuche aus der ganzen Welt kennen. Bevor sie mit dem Zerschneiden und Spielen beginnen, müssen zunächst die Länderflaggen angemalt werden. Stellen Sie dazu ausreichend Lexika oder Atlanten bereit, mit deren Hilfe Ihre Schüler die richtigen Farben herausfinden. Lesen Sie außerdem gemeinsam mit der Klasse die Texte, damit diese später den Ländern richtig zugeordnet werden können. Mit dem Blankokärtchen kann das Spiel von Ihnen oder den Schülern beliebig erweitert werden.

Weitere Unterrichtsvorschläge

• Die Schüler setzen sich mit Oskars Gedicht auseinander, das er im Morgenkreis vorträgt. Welches Reimschema können sie erkennen (Paarreim)? Die Kinder schreiben die jeweiligen Reimwörter heraus und versuchen, eigene Reime mit den Wörtern zu bilden. Sicher bemerken leistungsstärkere Schüler, dass in dem Gedicht auch ein unreiner Reim vorkommt: Flammen – ausgegangen.
• Lassen Sie die Kinder im Internet und in Büchern nach Adventsgedichten suchen und ihr Lieblingsgedicht aufschreiben. Dieses wird nach einer Leseübungsphase den Mitschülern betont vorgetragen. Die beliebtesten Gedichte werden zu einer klasseneigenen Gedichtsammlung zusammengefasst.

Das Buch im Unterricht

6. bis 8. Kapitel

Inhalt

Frau Besenbinder hängt in der Klasse einen besonderen Adventskalender auf: Sie hat ihn aus einem Foto der Schule gebastelt, das ihr Freund gemacht hat. In den Fenstern ist jeweils eine Nummer zu sehen. Die Lehrerin erklärt, dass jeden Tag ein ausgelostes Kind ein Fenster öffnen und dem Mitschüler, dessen Name dahinter steht, ein Wichtelgeschenk überreichen darf. Da einige Schüler schon den Inhalt ihres Wichtelgeschenks verraten haben, übernimmt Benno die Aufgabe, Lose für die Geschenke zu erstellen: Derjenige, dessen Name hinter dem Türchen steht, zieht ebenfalls ein Los für sein Geschenk.

Am 1. Dezember beginnt das Wichteln. Murat darf das erste Türchen des Adventskalenders öffnen. Hinter dem Fenster steht zur Überraschung aller sein eigener Name.

In der Pause enthüllen die Erstklässler das erste Fenster des Schuladventskalenders. Innerhalb der Klasse gibt es viele Heimlichkeiten. Leo bittet Benno, die Lose für das Wichteln zu manipulieren, damit Pia sein Geschenk bekommt. Einige Tage später bemerkt Besi, dass etwas nicht stimmt, und stellt Benno zur Rede. Gemeinsam beschließen sie, Leo zu helfen, um den Streit zwischen ihm und Pia zu beenden.

Gesprächs- und Schreibanlässe

In der Klasse wird „O Tannenbaum" gesummt und gesungen.
- Kennst du das Lied? Kannst du es vorsingen?
- Welche Weihnachtslieder kennst du noch?
- Singt ihr zu Hause auch gemeinsam Weihnachtslieder? Welche?

Frau Besenbinder hängt in der Klasse einen Adventskalender auf.
- Hast du auch einen Adventskalender? Wie sieht er aus?
- Warum gibt es überhaupt Adventskalender?

Benno übernimmt gern die Aufgabe, die Lose für das Wichteln zu erstellen.
- Wieso möchte er diese Aufgabe wohl erledigen?

Murats Familie stammt wie der heilige Nikolaus aus Myra.
- Wo liegt Myra?
- Kennst du die Legende vom heiligen Nikolaus? Erzähle.

Leo bittet Benno, die Lose zu manipulieren.
- Wie könnte so eine Manipulation funktionieren?
- Ist es manchmal in Ordnung zu schummeln?
- Wieso möchte Leo unbedingt, dass Pia sein Wichtelgeschenk bekommt?

Hinweise zu den Kopiervorlagen

In der Weihnachtswerkstatt

KV Seite 26

Bei dieser Kopiervorlage ist sowohl logisches Denken als auch die Rechenfähigkeit Ihrer Schüler gefragt. Weisen Sie die Kinder darauf hin, dass meist mehrere Rechenschritte bzw. ein Ausprobieren der Möglichkeiten (Aufgabe 2) nötig sind, um zu einem Ergebnis zu gelangen. Nur die letzte Aufgabe lässt sich allein mithilfe von Überlegungen lösen. Lassen Sie die Rechenschritte auf einem Blatt erledigen und bieten Sie den Kindern an, die Seite mit einem Partner zu bearbeiten. So ist es schwächeren Schülern möglich, mit stärkeren zusammenzuarbeiten.

Lösung
1. Rechnung: $16 - 6 = 10$; $10 : 2 = 5$; $5 + 6 = 11$
Antwort: Der Weihnachtsmann hat 11 Plätzchen gegessen, seine Frau 5.
Erklärung: Da der Weihnachtsmann 6 Plätzchen mehr gegessen hat als seine Frau, muss diese Zahl zuerst von der Gesamtzahl der Plätzchen abgezogen werden. Der Rest wird durch die Anzahl der beteiligten Personen dividiert. So erhält man die Anzahl der Plätzchen, die von der Frau gegessen wurden.
2. Rechnung: $8 \cdot 4 = 32$; $17 \cdot 2 = 34$; $32 + 34 = 66$
Antwort: Es sind insgesamt 8 Weihnachtsmäuse und 17 Wichtel in der Weihnachtswerkstatt.
Erklärung: Da es zusammen 25 Wichtel und Weihnachtsmäuse sein sollen, berechnet man der Reihe nach die Anzahl der Füße für 1 Maus + 24 Wichtel, 2 Mäuse + 23 Wichtel, 3 Mäuse + 22 Wichtel ... So kommt man schließlich zur Lösung 8 Mäuse + 17 Wichtel.
3. Rechnung: $196 : 24 = 8$ Rest 4
Antwort: Die Engel müssen pro Tag für 9 Kinder Geschenke verpacken. Dann werden sie sogar vor dem 24. Dezember fertig.
Erklärung: Neben der Rechnung und dem Aufrunden besteht eine weitere Lösungsmöglichkeit in einer Annäherung: Da die Engel momentan pro Tag Geschenke für

7 Kinder verpacken, würden sie bis zum 24. Dezember Päckchen für 168 Kinder schaffen (24 · 7 = 168). Nun kann man die verbleibenden 28 Kinder auf die 24 Tage verteilen. Dann müssten die Engel an 20 Tagen Geschenke für 8 Kinder und an 4 Tagen Geschenke für 9 Kinder packen.

4. Antwort: 9 Rentiere brauchen ebenfalls 8 Minuten für die Strecke.

Erklärung: Die Strecke vom Stall zum Schlitten wird immer in der gleichen Zeit zurückgelegt, egal wie viele Rentiere sich auf den Weg machen.

Was stimmt hier nicht?

KV Seite 27

Der Text auf der Kopiervorlage greift die Inhalte des 6. bis 8. Kapitels auf. Das Finden je eines falschen Wortes pro Satz setzt genaues und sinnentnehmendes Lesen der Schüler voraus. Auch das anschließende Einsetzen des passenden Wortes erfordert eine inhaltliche Durchdringung des Textes.

Bei Bedarf können leistungsschwächere Kinder die Lektüre zu Hilfe nehmen, um die Stolperwörter zu korrigieren.

Lösung

Außerdem bringen alle Kinder ihre ~~Goldstücke~~ **Geschenke** für das Wichteln mit. Benno hat die Namenszettel für das Wichteln vorbereitet und hütet die ~~Läuse~~ **Lose**. Das erste Fenster darf Murat öffnen, dessen Familie wie der ~~Weihnachtsmann~~ **Nikolaus** aus der Stadt Myra stammt. Leo hat heimlich den ~~Kuchen~~ **Kalender** gegen das Licht gehalten. Jetzt weiß er, dass Pias Name in dem Fenster mit der Nummer ~~acht~~ **sieben** steht. Pia und Leo haben Streit, darum will ~~Lars~~ **Leo** beim Wichteln schummeln. Benno erzählt Frau Besenbinder, dass er die ~~Verlesung~~ **Verlosung** des Wichtelgeschenks für Leo manipulieren soll. In Leos Wichtelpäckchen ist nämlich ein ganz besonderes ~~Spiel~~ **Stirnband**. Das Stirnband hat Leo vor dem Streit extra für Pia gemacht, deshalb sind ganz viele ~~Hunde~~ **Herzen** darauf. Benno und Besi wollen nun zusammen ~~Glücksfrau~~ **Glücksfee** spielen, damit Pia das Stirnband auch wirklich bekommt.

Weitere Unterrichtsvorschläge

- Erstellen Sie mit den Kindern eine Liste der Weihnachtslieder, die ihnen bekannt sind. Lassen Sie Ihre Schüler in Gruppen einzelne Lieder einstudieren. Danach werden diese wie bei einem Weihnachtskonzert dem Rest der Klasse vorgesungen und nach Möglichkeit mit Instrumenten begleitet.
- Gestalten Sie mit Ihrer Klasse einen eigenen Adventskalender. Ideen dazu finden Sie im Internet, zum Beispiel unter *www.kidsweb.de* unter den Stichworten „basteln Adventskalender".
- In Anlehnung an das Buch bietet es sich an, die Gestaltung der Fensterfront der Mühlbergschule als Adventskalender zeichnerisch umsetzen zu lassen. Die Kinder malen das Gebäude mit den Fenstern auf ihren Zeichenblock. Nun können 24 Fenster entworfen werden. Zum Fensterbild des 1., 6. und 13. Dezember sollten sich die Schüler an die Angaben in der Lektüre halten. Bei der weiteren Umsetzung sind sie völlig frei.

9. bis 11. Kapitel

Inhalt

Am 6. Dezember klopft es während des Unterrichts plötzlich an der Tür. Murats Vater hat sich als Nikolaus verkleidet und verteilt Schokoladennikoläuse an die Kinder. Besi bekommt einen Blumenstrauß. Ulli und Murat haben sich diese Überraschung ausgedacht, da Murats Familie aus Myra, der Heimatstadt des Nikolaus', stammt. Leo hat jedoch vor lauter Liebeskummer keinen Spaß an der ganzen Sache.

Dafür darf er am nächsten Tag den Adventskalender öffnen. Weil er den Kalender bereits vor Tagen genauer untersucht hat und die Namen hinter den Fenstern im Licht durchscheinen, weiß Leo, dass Pias Name hinter dem siebten Türchen steht. Er öffnet es. Als Pia dann aufgrund der von Besi und Benno manipulierten Lose tatsächlich Leos Päckchen bekommt, versöhnen sich die beiden wieder. Ulli plant weitere Überraschungen für Frau Besenbinder.

Am 13. Dezember erscheint Vicky als heilige Lucia in der Klasse. Außerdem möchte die 3a eine geheime Adventsfeier für Frau Besenbinder veranstalten: Alle Eltern werden am 21. Dezember in die Schule eingeladen. Mithilfe des Direktors Herrn Dieckmann und der Hausmeisterin Frau Lukas wird das Fest organisiert.

Das Buch im Unterricht

Gesprächs- und Schreibanlässe

Der Nikolaus steht plötzlich vor der Tür.
- War bei dir auch schon einmal der Nikolaus zu Besuch? Erzähle.
- Was weißt du über den Nikolaus? In der Lektüre wird er mit weißem Rauschebart und rotem Mantel beschrieben. Ist das richtig?
- Kennst du den Unterschied zwischen dem Nikolaus und dem Weihnachtsmann?

Leo hat großen Liebeskummer und keinen Spaß am Nikolausbesuch.
- Wie fühlt man sich bei Liebeskummer?
- Wie kannst du einem Freund oder einer Freundin bei Liebeskummer helfen?

Leo und Pia hatten Streit, aber versöhnen sich wieder.
- Hattest du schon einmal Streit mit deinem besten Freund oder deiner besten Freundin? Warum?
- Wie hast du dich dabei gefühlt? Was hast du getan, damit es dir besser geht? Wie habt ihr euch wieder versöhnt?

Die 3a plant heimlich eine Überraschungsfeier für Besi.
- Was muss für die Feier alles organisiert werden? An was müssen die Kinder denken?
- Glaubst du, Frau Besenbinder wird sich über die Feier freuen?

Hinweise zu den Kopiervorlagen

KV Seite 28 | **Nikolaus und Weihnachtsmann**
Auf der Kopiervorlage sind zwei Informationstexte über den Nikolaus und den Weihnachtsmann vermischt. Die Kinder ordnen die Sätze jeweils der entsprechenden Figur zu, indem sie sie mit verschiedenen Farben kennzeichnen. Die Buchstaben hinter den Sätzen ergeben bei richtiger Zuordnung jeweils ein Lösungswort.

Die Texte können anschließend geordnet ins Heft übertragen werden, sodass den Schülern zwei Lesetexte vorliegen.

Lösung
Aufgabe 2:
So heißt die Mütze vom Nikolaus (blau): | M | I | T | R | A |.

So heißt der Weihnachtsmann (rot) in manchen Ländern:
| S | A | N | T | A | Claus.

Nikolaus
Nikolaus von Myra ist einer der bekanntesten Heiligen der katholischen Kirche. Die historischen Lebensdaten des Bischofs variieren je nach Quelle. Sicher ist, dass er zwischen 270 und 286 in der lykischen Stadt Patara geboren wurde und am 6. Dezember (zwischen 326 und 365) starb.

Nikolaus wird meist mit seinem Bischofsmantel, der Bischofsmütze (Mitra) sowie seinem Bischofsstab abgebildet. Über sein Leben sind nur wenige Tatsachen belegt, aber es ranken sich zahlreiche Legenden darum.

An seinem Namenstag am 6. Dezember werden je nach Region verschiedene Bräuche gepflegt. So stellen viele Kinder am Abend vor dem „Nikolaustag" ihre Stiefel vor die Tür. Diese werden traditionell mit Mandarinen, Nüssen oder Lebkuchen gefüllt. In manchen Gegenden werden nur die braven Kinder beschenkt, während böse mit der Rute bestraft werden. In verschiedenen Ländern wird der Nikolaus von einem Gehilfen begleitet.

Weihnachtsmann
Die ursprüngliche Inspiration zur Figur des Weihnachtsmanns lieferte die historische Person des heiligen Nikolaus. Die heutige Vorstellung vom Aussehen des Weihnachtsmanns geht dabei vor allem auf Gedichte aus den Jahren 1821 und 1822 der beiden Amerikaner William Gilley und Clement Clarke Moore zurück. Gilley beschrieb ihn als „Santeclaus" mit einem Rentierschlitten, Moore sprach von einem weißbärtigen Elf mit rundem Bauch, der in Fell gekleidet war.

Das endgültige Bild der Weihnachtmannfigur wurde nach mehreren Vorstufen durch den Grafiker Haddon Sundblom geprägt, der diesen im Jahre 1931 für eine Coca-Cola-Kampagne zeichnete. In vielen Ländern wurde der Weihnachtsmann im Laufe der Jahre zu der Figur, die in der Nacht zum ersten Weihnachtsfeiertag die Geschenke bringt.

KV Seite 29 | **Überraschungen**
Die Kopiervorlage dient der spielerischen Auseinandersetzung mit dem Text. Leistungsschwächere Kinder dürfen die Lektüre verwenden, um das Kreuzworträtsel zu lösen.

Die Seite eignet sich gut als Hausaufgabe, da die Schüler ihre Ergebnisse mithilfe des Lösungswortes selbstständig überprüfen können.

Lösung

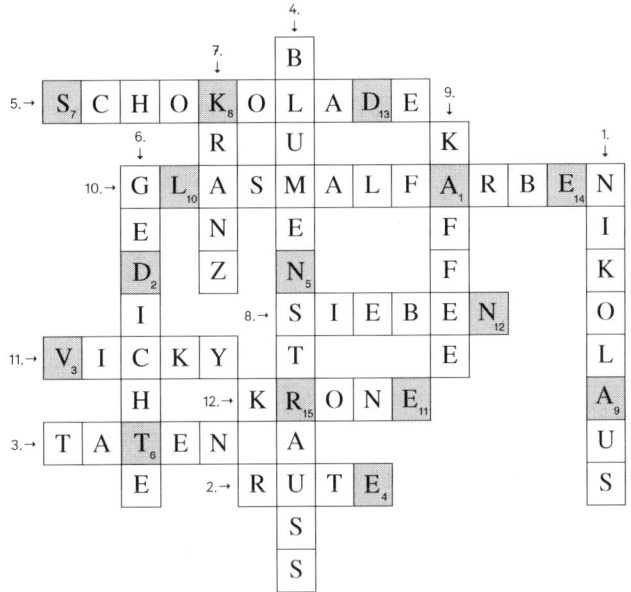

Das Lösungswort lautet:

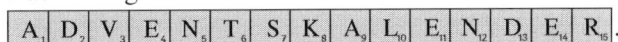

A D V E N T S K A L E N D E R.

Weiterer Unterrichtsvorschlag

Der Nikolaus trägt die guten Taten der Kinder vor. Dies können Sie in Form eines „warmen Regens" aufgreifen. Dazu überlegen sich die Kinder, welche positiven Eigenschaften sie an ihren Mitschülern besonders schätzen. Diese „regnen" im Stuhlkreis mündlich auf die Kinder „nieder". Alternativ werden sie schriftlich auf kleinen Zetteln festgehalten. Die Zettel stecken Sie anschließend für jedes Kind in ein Säckchen, das mit dem Namen des Kindes versehen wird. So kann jeder Schüler am Nikolaustag einen Sack mit schönen Botschaften mit nach Hause nehmen.

12. und 13. Kapitel

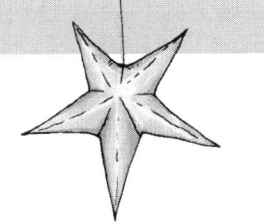

Inhalt

Heimlich bereiten die Kinder alles für die Überraschungsfeier vor. Als alle Gäste da sind, wird Besi mit verbundenen Augen in den Musiksaal geführt. Sie ist begeistert, dass so viele Eltern gekommen sind. Auch ihr Freund ist da. Naomi entzündet die Chanukkakerzen, Vicky tritt noch einmal als Lucia auf und Murats Vater trägt ein musli-

misches Gebet vor. Außerdem spielen einige Schüler die Weihnachtsgeschichte nach.

An Heiligabend sehen sich Frau Besenbinder und Herr Schaufelberger die beleuchteten Adventsfenster der Schule an. Dabei treffen sie auf Ulli und seinen Vater, die endlich auch Zeit füreinander haben.

Gesprächs- oder Schreibanlass

Auf der Weihnachtsfeier tragen die Kinder ein Krippenspiel vor.
• Was ist ein Krippenspiel? Hast du schon einmal bei einem mitgespielt oder eines angeschaut?
• Welche Kinder der 3a spielen im Krippenspiel mit?

Hinweise zu den Kopiervorlagen

KV Seite 30/31

Die Heilige Nacht – Ein Krippenspiel

Mithilfe des Textes dieser Kopiervorlagen können die Schüler ein kleines Krippenspiel einstudieren. Lesen Sie den Text zuerst mehrfach gemeinsam mit der Klasse, um eine gewisse Textsicherheit herzustellen. Die Regieanweisungen in Klammern beziehen sich entweder auf das Figurenspiel oder den Tonfall des Sprechers. Sie werden nicht vorgelesen. Trainieren Sie außerdem mit den Schülern, in verschiedenen Gefühlslagen zu sprechen. Weisen Sie die Kinder auf eine laute und deutliche Artikulation hin. Es sind acht Sprechrollen zu vergeben. Zusätzlich gibt es die Engelschar, die aus mehreren Kindern bestehen sollte. Darüber hinaus werden einige Statisten als Tiere und Sternhalter benötigt. Wer nicht auf der Bühne stehen möchte, kann zum Beispiel Aufgaben als Geräuschemacher, Beleuchter oder Souffleur übernehmen.

Laden Sie die Eltern oder andere Klassen zu einer Vorführung ein. Wählen Sie einen geeigneten Raum dafür aus. Er muss in Spielfläche und Zuschauerbereich unterteilt werden können. Bedenken Sie dabei, dass die wartenden Schauspieler einen Platz neben bzw. hinter der „Bühne" benötigen. In einer Ecke können Sie den Stall einrichten, in der anderen das Feld der Hirten.

Folgende Requisiten werden benötigt bzw. müssen gebastelt werden:
• Stühle im Stall für Maria und Josef
• eine Krippe (z. B. ein gestalteter Pappkarton)

Das Buch im Unterricht

- eine Puppe als Jesuskind, die in Tücher gewickelt ist
- Tiermasken für Ochse, Esel und Schafe (z.B. bemalte Pappteller, die jeweils mit einem Gummiband befestigt werden)
- zwei Schürzen für die beiden Wirte
- Hüte für die Hirten, evtl. Hirtenstäbe
- Engelsflügel (aus Pappe gebastelt, die mit Trägern befestigt werden)
- Taschenlampen zum Anleuchten der Engel
- evtl. feierliche Musik zum Einspielen, wenn die Engel erscheinen

 Schöne Weihnachtszeit

KV Seite 32

Die Kopiervorlage bietet zwei weihnachtliche Anregungen, die unabhängig voneinander angeboten werden können. Im ersten Teil schreiben die Kinder wahlweise an den Weihnachtsmann oder das Christkind. Dabei bleibt es ihnen überlassen, ob sie einen Brief oder einen Wunschzettel verfassen möchten. Schicken Sie die Briefe ausreichend frankiert an die entsprechenden Adressen. Ihre Schüler werden tatsächlich einen Antwortbrief durch die Weihnachtspostämter bekommen.

Der zweite Teil der Seite besteht aus einem Rezept für Haselnusskipferl. Wenn Ihnen eine Schulküche zur Verfügung steht, ist es leicht, die Weihnachtsplätzchen zusammen mit der Klasse zu backen. Bei einer Adventsfeier oder einer morgendlichen Besinnung können die Plätzchen verzehrt werden.

Weiterer Unterrichtsvorschlag

Erstellen Sie gemeinsam mit den Kindern ein Leporello zur Weihnachtsgeschichte. Dazu muss ein DIN-A4-Blatt an der langen Seite in der Mitte gefaltet und an dieser Achse in zwei Teile geschnitten werden. Lassen Sie die beiden Streifen aneinanderkleben und in einer Breite von jeweils ungefähr sieben Zentimetern zu einem Leporello falten. Die Kinder schreiben nun auf jede Seite ihres Leporellos einen Textabschnitt der Weihnachtsgeschichte und malen ein passendes Bild dazu. Folgende Kurzfassung kann hierfür genutzt werden:

Die Weihnachtsgeschichte
Kaiser Augustus wollte alle Bewohner seines Landes zählen.
Josef machte sich darum mit seiner schwangeren Verlobten Maria auf den Weg nach Bethlehem.
Als sie ankamen, gab es keinen Platz in der Herberge.
Ein Gastwirt ließ sie mit einem Ochsen und einem Esel in einem Stall schlafen.
Dort bekam Maria in dieser Nacht ihr Kind. Sie legte es in die Futterkrippe der Tiere.
Zur gleichen Zeit erschien den Hirten auf dem Feld ein Engel. Er erzählte ihnen von dem besonderen Kind.
Sie machten sich auf den Weg zum Stall.

Alternativ dürfen die Kinder auf DIN-A4-Blätter schreiben und malen, die Sie dann im Klassenzimmer aufhängen können.

Name:

Wochenende und Weihnachtsgrippe

 Schneide die Sätze aus und bringe sie in die richtige Reihenfolge. Wenn alles passt, erhältst du ein Lösungsbild. Klebe die Sätze anschließend auf ein Blatt.

Tipp: Lies im 1. und 2. Kapitel nach, wenn du unsicher bist.

✂

Zum Schluss verabschieden sich die Kinder an der Straßenkreuzung voneinander.

Dragan verrät daraufhin, dass er seine doppelten Fußballbilder wichteln möchte. Auch Leo verplappert sich: Er hat ein Stirnband gehäkelt.

Als sie aus dem Fenster sehen, entdecken Ulli und Murat Frau Besenbinders Freund Herrn Schaufelberger. Er fotografiert die Schule.

Vor dem Wochenende gibt Frau Besenbinder eine Hausaufgabe: Sie möchte am Montag erfahren, wie die Kinder in ihren Familien das wohl wichtigste Fest des Jahres feiern.

Nach der Unterbrechung bittet Besi die Kinder, nächste Woche ihre Wichtelgeschenke mitzubringen.

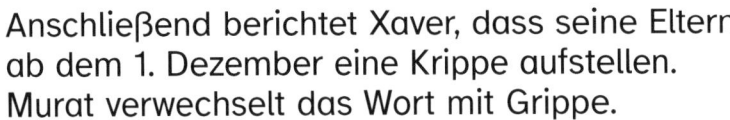

Anschließend berichtet Xaver, dass seine Eltern ab dem 1. Dezember eine Krippe aufstellen. Murat verwechselt das Wort mit Grippe.

Auf dem Nachhauseweg meint Qadir, dass er weder Weihnachten noch Ramadan feiert.

Als Letzte erzählt Corinna, dass sie ihre Geschenke wie in England erst am 25. Dezember auspacken darf.

Weihnachtsbräuche

 Lies den Text und setze die fehlenden Wörter passend in die Lücken ein.

Kerzen | Adventskalender | Zweige | Kreide | Freude | Vase

Adventskranz | Fest | Geschenke | Weihnachtsbaum

Im Christentum kennt man für die Adventszeit viele Bräuche: Die Menschen hängen

oder stellen einen _____ aus Tannenzweigen auf. Diese Tradition

gibt es seit 1839. Damals wurde an jedem Adventstag eine Kerze angezündet.

Heute benutzt man nur noch vier große Kerzen für die Adventssonntage.

Ab dem 1. Dezember zählen die Kinder die Tage bis Weihnachten mit einem

_____. Früher malten die Menschen 24 Striche mit

_____ an die Tür. Jeden Tag durfte ein Strich weggewischt werden.

Schon vor langer Zeit holte man im Winter grüne _____ als Symbol

für das Leben ins Haus. Vor etwa 400 Jahren gab es dann den ersten

_____. Er wurde immer beliebter, doch da Wachs

sehr teuer war, konnten es sich zuerst nur reiche Leute leisten, _____

an ihrem Baum brennen zu lassen.

Am 4. Dezember feiert man das Fest der heiligen Barbara. Dabei werden Äste von

Obstbäumen in eine _____ gestellt. Sie sollen bis zum Heiligen Abend blühen.

Weihnachten fällt in die gleiche Zeit wie das römische _____ zu Ehren des

Gottes Saturn. Schon die Römer verteilten zu diesem Anlass _____.

Heute beschenken sich Christen aus _____ über die Geburt Jesu Christi

und erinnern damit an die Geschenke der Heiligen Drei Könige.

lesen schreiben rechnen malen/basteln spielen kochen

Wer feiert welches Fest?

 Lies die Sätze genau durch. Schneide die Bilder unten aus und klebe die Kinder zu der passenden Beschreibung.

Er feiert gar nichts, weil seine Familie nicht gläubig ist.

Er feiert Weihnachten. Seine Eltern beginnen am 1. Dezember damit, die Krippe aufzubauen. Bis zum 24. kommt täglich eine Figur hinzu.

Sie feiert auch Weihnachten. Sie hat in England gelebt. Dort kommt Father Christmas zum ersten Weihnachtsfeiertag durch den Kamin und bringt Geschenke.

Sie feiert Chanukka. Das ist das jüdische Fest der Tempelweihe.

Ihr Vater kommt aus Schweden. Darum feiert ihre Familie am 13. Dezember das Fest der heiligen Lucia.

Seine Familie feiert als wichtigstes Fest das Fastenbrechen am Ende des Ramadan.

Seine Mutter kommt aus Süditalien. Dort gibt es die Geschenke an dem Tag, an dem die Heiligen Drei Könige den Stall erreicht haben, also am 6. Januar.

✂

Dragan

Qadir

Corinna

Benno

Naomi

Xaver

Vicky

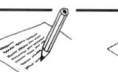  
Chanukka (1)

Frau Besenbinder bittet Naomi, über ihre Religion und das Chanukka-Fest zu berichten.

 Lies den Text.

Meine Eltern und ich gehören dem Judentum an. Das ist die älteste Religion, die nur an einen Gott glaubt. Unseren Gott nennt man Jahwe. Chanukka ist für uns ein wichtiges Fest. Es dauert acht Tage und beginnt am 25. des Kislew-Monats, dem neunten Monat im jüdischen Kalender. Meistens findet es im November oder Dezember statt, manchmal sogar zur gleichen Zeit wie Weihnachten. Wir feiern dieses Fest, um an ein Wunder im Tempel von Jerusalem zu erinnern. Ein Tempel ist ein wichtiges Haus in unserer Religion, etwa so wie eine Kirche oder eine Moschee. Nachdem der Tempel zerstört wurde, fanden die Juden, die den Tempel aufräumen wollten, nur einen kleinen Krug. Darin war das geweihte Öl, mit dem die Kerzen am Leuchter angezündet wurden. Damals gab es ja noch keine Feuerzeuge. Das wenige Öl reichte wie durch ein Wunder, dass die Kerzen genau acht Tage lang brannten. So lange dauerte es, um neues, geweihtes Öl herzustellen. Deshalb zünden wir an jedem Tag von Chanukka eine Kerze an einem Kerzenleuchter mit acht Armen an. Manchmal hat der Leuchter auch ein neuntes Licht. Dies nutzt man dazu, um die anderen Lichter anzuzünden. Am letzten Abend brennen alle acht Lichter. Daher nennen wir dieses Fest auch „Lichterfest". Der Leuchter heißt übrigens „Chanukkia". Wir feiern oft mit Freunden oder treffen uns in unserer Gemeinde. Dort singen und tanzen wir. Die Kinder bekommen Geschenke und Süßigkeiten. Das finde ich prima! Außerdem mag ich es, dass wir abends oft zusammen ein altes jüdisches Spiel spielen: „Dreideln". Dazu braucht man einen Kreisel, auf dessen vier Seiten vier verschiedene hebräische Buchstaben stehen. Die Buchstaben sind die Abkürzung für den Spruch: „Nes gadol haja scham." – „Es ist ein großes Wunder dort geschehen." Alle Mitspieler geben ihren Einsatz, zum Beispiel Süßigkeiten, in eine Kasse. Je nachdem auf welche Seite der Kreisel fällt, verliert man seinen Einsatz oder gewinnt etwas dazu. Das ist spannend und macht Spaß.

Name:

Chanukka (2)

Kreuze passend an. Wenn du alles richtig beantwortet hast, erhältst du ein Lösungswort. Trage es ein.

1. Wer feiert Chanukka?
- ☐ Christen **M**
- ☐ Juden **L**
- ☐ Moslems **S**

2. Wie lange dauert das Chanukka-Fest?
- ☐ einen Monat **A**
- ☐ 25 Tage **U**
- ☐ acht Tage **I**

3. Wann findet Chanukka statt?
- ☐ immer an Weihnachten **B**
- ☐ meistens im November oder Dezember **C**
- ☐ im September **N**

4. Womit wurden die Kerzen früher angezündet?
- ☐ Öl **H**
- ☐ Feuerzeug **D**
- ☐ Streichholz **F**

5. Kennst du einen deutschen Namen für Chanukka?
- ☐ Opferfest **P**
- ☐ Winterfest **G**
- ☐ Lichterfest **T**

6. Was ist eine „Chanukkia"?
- ☐ eine besondere Speise an Chanukka **A**
- ☐ ein jüdisches Lied **O**
- ☐ ein Kerzenleuchter **E**

7. Was braucht man für das jüdische Spiel „Dreideln"?
- ☐ einen Kreisel **R**
- ☐ drei Bälle **K**
- ☐ acht Murmeln **V**

Das Lösungswort lautet: ☐☐☐☐☐☐☐ .

 **Auf dem Kerzenleuchter gibt es acht oder neun Kerzen. Die neunte Kerze nennt man „Dienerkerze". Sie befindet sich in der Mitte des Leuchters. Male sie rot an.**

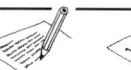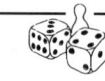
Der Dreidel

Für den Dreidel brauchst du:

- eine Schere
- die Vorlage von unten
- Klebstoff
- einen Bleistift

So geht's:

1. Schneide die Vorlage an den gestrichelten Linien aus und knicke die durchgezogenen Linien nach innen.
2. Klebe den Dreidel nun an den Klebelaschen zusammen und stecke einen spitzen Bleistift durch die runde Markierung.

Zum Spielen braucht ihr:

- zehn Gegenstände als Einsatz,
  z.B. Gummibärchen, Nüsse, Kekse
- einen Dreidel

für zwei
bis fünf Spieler

So geht's:

1. Jeder Spieler legt zu Beginn seinen Einsatz in die Mitte.
2. Der Dreidel wird im Uhrzeigersinn von jedem Spieler gedreht.
3. Je nachdem, welche Seite des Dreidels nach oben zeigt,
   gewinnt oder verliert der Spieler:

ב Nichts passiert. Alle Einsätze bleiben in der Mitte liegen.

ג Man gewinnt alles.

ה Man gewinnt die Hälfte der Einsätze.

ש Man muss zwei Gegenstände in die Mitte legen.

4. Wenn ein Mitspieler keine Gegenstände mehr hat, ist das Spiel zu Ende.

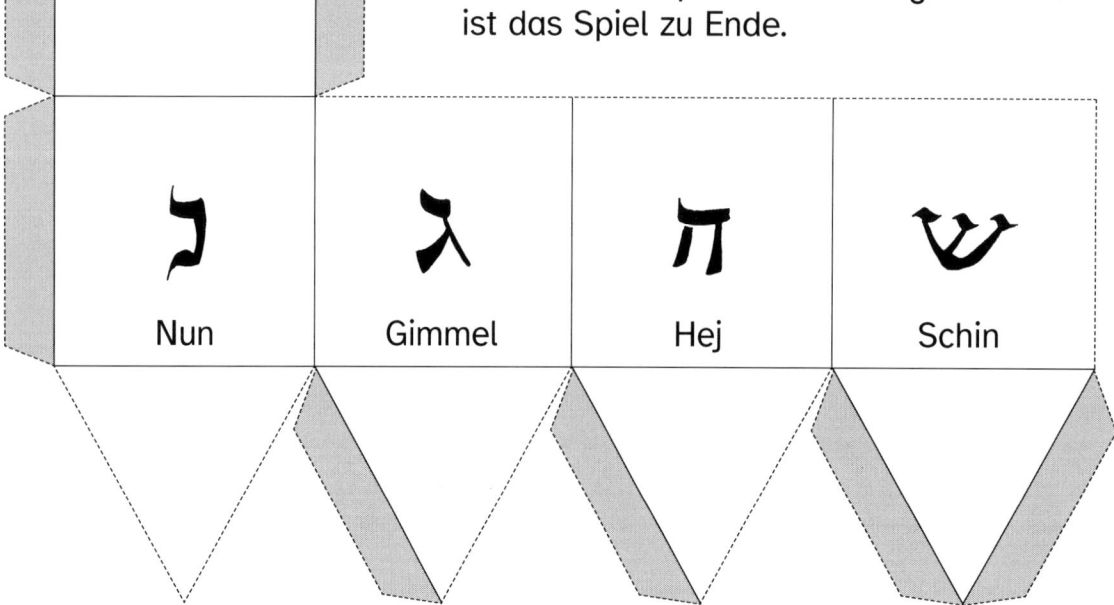

Nun   Gimmel   Hej   Schin

Fastenbrechen (1)

Die Kinder der 3a wollen mehr über das islamische Fastenbrechen erfahren.
Deshalb erzählt Dragan ihnen davon.

 Lies den Text.

Meine Familie und ich sind Muslime.
So nennt man Menschen, die sich zum Islam
bekennen. Unser Gott heißt Allah. Wir haben viele
Propheten, zum Beispiel Abraham, Moses oder Jesus.
Aber der bedeutendste Prophet war Mohammed. Seine Botschaften
sind in unserem heiligen Buch aufgeschrieben, dem Koran.
Einmal im Jahr gibt es bei uns einen besonderen Monat: Das ist
unser heiliger Fastenmonat Ramadan. Wann Ramadan ist, richtet sich
nach dem islamischen Kalender. Deshalb findet das Fasten immer
zu einem anderen Zeitpunkt im Jahr statt. Während der Fastenzeit essen
und trinken gläubige Moslems nichts, solange die Sonne am Himmel
steht. Wenn es dunkel ist, treffen wir uns oft mit der ganzen Familie
und essen gemeinsam. Wir Kinder müssen nicht so streng fasten.
Meistens verzichten wir auf Süßigkeiten. Im Ramadan erinnern wir
uns daran, dass Allah uns den Koran gegeben hat, und denken an die
Armen und Hungernden. Außerdem dürfen wir während der Fastenzeit
zu niemandem etwas Böses sagen. Wenn wir mit jemandem Streit
haben, sollen wir uns wieder versöhnen. Das ist nicht immer so leicht.
Am Ende des Ramadan kommt der Tag, auf den sich alle freuen.
Dann feiern wir ein großes Fest. Wir nennen es auch Zuckerfest, weil
wir Kinder viele Süßigkeiten geschenkt bekommen. Es dauert drei Tage.
Am ersten Tag gehen wir morgens in die Moschee zum Beten.
Zu Hause gibt es dann ein riesiges Frühstück, zu dem uns auch
Freunde und Verwandte besuchen. Sie belohnen uns für
das Fasten mit Schokolade und anderen Geschenken.
Meine Mutter macht für uns „Lokum".
Das ist eine besondere Süßigkeit.

Fastenbrechen (2)

 Verbinde die passenden Satzteile miteinander.

Die Religion der Muslime ●	● gemeinsam mit der Familie.
Muslime glauben an Allah ●	● Süßigkeiten und andere Geschenke.
Der Fastenmonat ●	● nennt man Islam.
Solange es hell ist, ●	● und seinen Propheten Mohammed.
Abends speisen und feiern sie ●	● heißt Ramadan.
Kinder müssen ●	● nicht so streng fasten.
Am Ende findet ●	● essen und trinken die Muslime dann nichts.
Die Kinder bekommen ●	● das Zuckerfest statt.

 Auch Christen haben eine Fastenzeit. Weißt du, wann und warum Christen fasten? Schreibe auf.

_____

_____

Name:

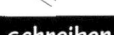

Lokum

 Zum Fastenbrechen gibt es in vielen muslimischen Familien süßes Lokum. Lies das Rezept und ergänze die Zutaten, die du dafür brauchst. Notiere auch die richtige Menge. Bereite anschließend selbst Lokum zu.

Du brauchst:

- eine quadratische Backform (etwa 20–30 cm lang)

- ein sauberes Mulltuch

- _____

- _____

- _____

- einen Kochtopf und einen Kochlöffel

- _____

- _____

- ein großes Schneidebrett und ein Messer

- _____

  oder _____

- _____

- eine kleine Schüssel und einen Teller

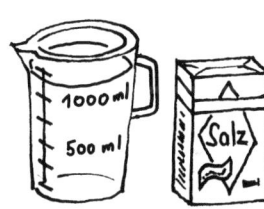

So geht's:

1. Lege die Backform mit dem Mulltuch aus und bestäube das Tuch mit 100 g Reismehl.
2. Gib 125 g Reismehl, 1 kg Zucker und 1200 ml Wasser in den großen Kochtopf.
3. Bringe die Mischung unter starker Hitze zum Kochen und rühre die Masse mit dem Kochlöffel immer wieder um.
4. Gib eine Prise Salz und 1 EL Zitronensaft hinzu und lass die Masse so lange kochen, bis sie zu steigen beginnt. Verringere dann die Hitze.
5. Die Masse ist fertig, wenn sie nicht mehr am Topfrand kleben bleibt. Fülle sie nun in die Backform und lass sie abkühlen.
6. Stürze das ausgekühlte Lokum aus der Form und schneide es in Stücke.
7. Mische 1 Päckchen Kokosraspeln oder gehackte Mandeln mit etwas Puderzucker in der kleinen Schüssel. Wälze die Stücke darin und lege sie auf den Teller. Fertig!

Weihnachten in anderen Ländern (1)

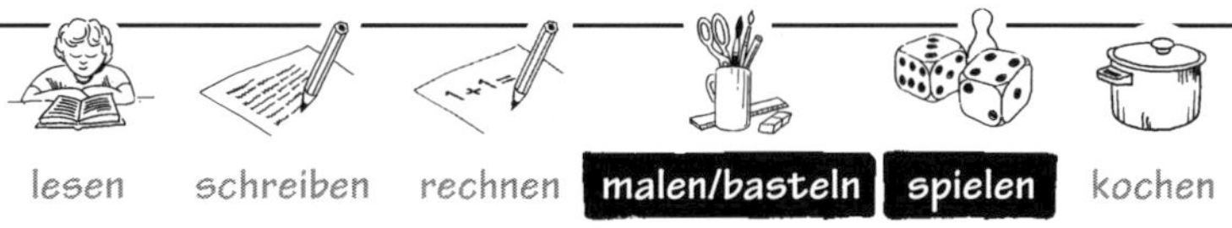

 Male die Flaggen in den richtigen Farben an. Schneide die Kärtchen anschließend aus und spiele mit einem Partner nach den bekannten Regeln Memory.

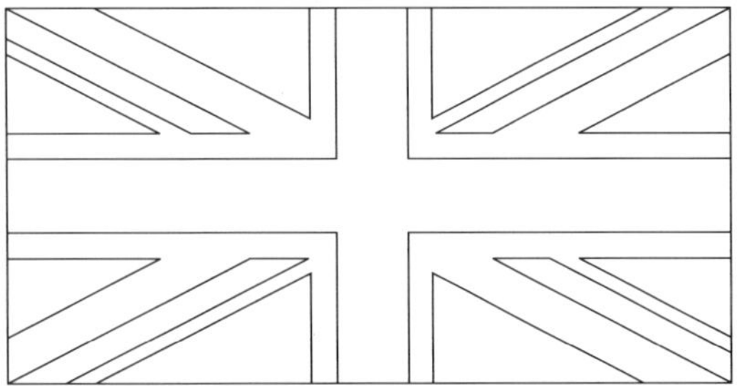

✂

Großbritannien

Father Christmas kommt in der Nacht zum 25. Dezember durch den Kamin und füllt die aufgehängten Strümpfe der Kinder mit Süßigkeiten und Geschenken.

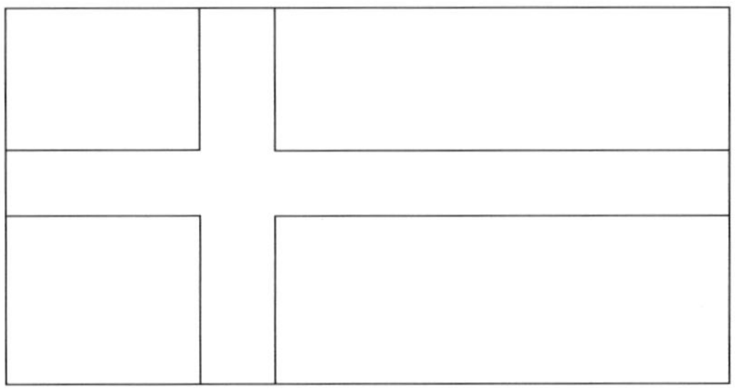

Schweden

Am 13. Dezember, dem Gedenktag der heiligen Lucia, trägt ein Mädchen der Familie ein weißes Kleid und einen Kranz mit Kerzen auf dem Kopf. Man singt Lieder und isst Plätzchen.

Italien

Die Kinder bekommen am 24. Dezember nur eine kleine Aufmerksamkeit. Erst am 6. Januar bringt die Hexe Befana braven Kindern Geschenke. Wer unartig war, erhält ein Stück Kohle.

Spanien

Kurz vor Heiligabend findet die Ziehung einer Weihnachtslotterie statt, die im Fernsehen übertragen wird. Die Geschenke bringen die Heiligen Drei Könige am 6. Januar. Sie stecken sie in Stiefel und erhalten dafür Wasser und Brot.

Weihnachten in anderen Ländern (2)

Frankreich	Am Abend geht die Familie gemeinsam in die Kirche. Währenddessen kommt der Weihnachtsmann Père Noël und legt die Geschenke in die aufgestellten Schuhe.
Niederlande	Das größte Fest wird schon am Abend des 5. Dezembers gefeiert. Sinterklaas, so wird der Nikolaus genannt, kommt und verteilt Geschenke an die Kinder.
Australien	Am 25. Dezember gehen viele Menschen zum Weihnachtspicknick an den Strand, denn Weihnachten fällt in den Sommer und es ist sehr heiß. Sie essen Truthahn und singen Weihnachtslieder.
Kenia	Am 25. Dezember feiern die Menschen mit ihren Familien Weihnachten. Dazu gibt es ein großes Festmahl. Später wird gefeiert und getanzt.

 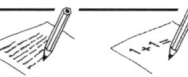
In der Weihnachtswerkstatt

 Löse die Knobelaufgaben. Schreibe zu jeder Aufgabe Rechnung und Antwortsatz.

Tipp: Einmal musst du gar nicht rechnen!

1. Der Weihnachtsmann und seine Frau haben insgesamt 16 Plätzchen gegessen. Der Weihnachtsmann aß 6 Plätzchen mehr als seine Frau. Wie viele Plätzchen hat der Weihnachtsmann gegessen, wie viele seine Frau?

Rechnung:

Antwort: _____

2. In der Weihnachtswerkstatt befinden sich insgesamt 25 Wichtel und Weihnachts-mäuse. Zusammen haben sie 66 Füße.
Wie viele Wichtel und wie viele Weihnachtsmäuse sind in der Werkstatt?

Rechnung:

Antwort: _____

3. Die Engel stellen am 1. Dezember fest, dass sie bis Heiligabend noch für 196 Kinder Geschenke verpacken müssen. Bisher schafften sie es, pro Tag Geschenke für 7 Kinder zu verpacken.
Für wie viele Kinder müssen die Engel nun pro Tag Geschenke verpacken, damit sich alle Kinder an Heiligabend freuen können?

Rechnung:

Antwort: _____

4. 8 Rentiere benötigen 8 Minuten, um von ihrem Stall zum Schlitten zu laufen. Wie lange brauchen 9 Rentiere für die gleiche Strecke?

Rechnung:

Antwort: _____

Was stimmt hier nicht?

In den Text haben sich falsche Wörter eingeschlichen.

Finde die zehn Fehler und streiche sie durch.
Schreibe jeweils das richtige Wort darüber.

Tipp: Lies im 6. bis 8. Kapitel nach, wenn du unsicher bist.

Adventskalender
Frau Besenbinder hat für die Kinder aus einem Foto einen ~~Adventskranz~~ gebastelt.

Außerdem bringen alle Kinder ihre Goldstücke für das Wichteln mit.

Benno hat die Namenszettel für das Wichteln vorbereitet und

hütet die Läuse.

Das erste Fenster darf Murat öffnen, dessen Familie wie der Weihnachtsmann

aus der Stadt Myra stammt.

Leo hat heimlich den Kuchen gegen das Licht gehalten.

Jetzt weiß er, dass Pias Name in dem Fenster mit der Nummer acht steht.

Pia und Leo haben Streit, darum will Lars beim Wichteln schummeln.

Benno erzählt Frau Besenbinder, dass er die Verlesung des Wichtelgeschenks

für Leo manipulieren soll.

In Leos Wichtelpäckchen ist nämlich ein ganz besonderes Spiel.

Das Stirnband hat Leo vor dem Streit extra für Pia gemacht,

deshalb sind ganz viele Hunde darauf.

Benno und Besi wollen nun zusammen Glücksfrau

spielen, damit Pia das Stirnband auch wirklich

bekommt.

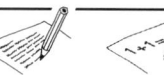 
Nikolaus und Weihnachtsmann

 Ordne die Sätze jeweils passend zu: blau = Nikolaus, rot = Weihnachtsmann. Male die Mützen entsprechend aus.

 Es gab ihn wirklich. Er lebte vor fast 1800 Jahren in der Stadt Myra. Dort war er Bischof. **M**

 Er ist nur eine Erfindung. 1931 zeichnete ihn ein Grafiker für eine Coca-Cola-Werbung. Seitdem stellen sich die Menschen ihn so vor. **S**

 Er hat eine rote Zipfelmütze auf dem Kopf, trägt einen langen, rot-weißen Mantel und hat einen weißen Vollbart. **A**

 Er trägt eine Bischofsmütze, einen Bischofsstab, einen Bischofsmantel und einen Bart. **I**

 Vor langer Zeit wurde ein Gedicht über ihn geschrieben. Seitdem glauben die Menschen, dass sein Schlitten von Rentieren gezogen wird. **N**

 Man erzählt sich viele Geschichten über ihn. Er soll Menschen geholfen haben, die in Not waren. **T**

 Am 6. Dezember feiert man seinen Gedenktag, um sich an ihn zu erinnern. **R**

 In manchen Ländern glaubt man, dass er Geschenke durch den Kamin bringt. **T**

 Er trägt eine Rute und einen Sack mit Geschenken bei sich. **A**

 Zu seinem Gedenktag stellen die Kinder ihre Stiefel vor die Tür. Man erzählt sich, dass er ihnen diese füllt, wenn sie brav waren. **A**

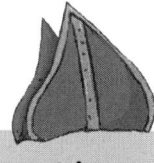

Wenn du die Sätze richtig zugeordnet hast, ergeben die Buchstaben hinter den Sätzen jeweils ein Lösungswort. Trage beide Wörter ein.

So heißt die Mütze vom Nikolaus (blau): ☐☐☐☐☐ .

So heißt der Weihnachtsmann (rot) in manchen Ländern: ☐☐☐☐ Claus.

Überraschungen

Löse das Kreuzworträtsel und trage die gesuchten Wörter in Großbuchstaben ein.

Tipp: Schreibe ß als SS.

1. Diese Person klopft am 6. Dezember an die Tür der 3a.
2. Sie klemmt unter dem Arm des Nikolaus'.
3. Der Nikolaus verliest eine ganze Liste von guten ...
4. Das holt Murats Papa für Frau Besenbinder aus seinem Jutesack.
5. Er verteilt an die Kinder Nikoläuse aus ...
6. Davon kennt Oskars Vater ganz viele.
7. Er wird auch am Mittwoch in der Klasse hochgezogen.
8. Pias Name steckt hinter dem Fenster mit der Nummer ...
9. Das holt sich Besi in der Pause.
10. Die Kinder gestalten das Bild mit Transparentpapier und ...
11. Sie spielt am 13. Dezember die heilige Lucia.
12. Das trägt die heilige Lucia auf dem Kopf. Eine ... mit sechs Kerzen.

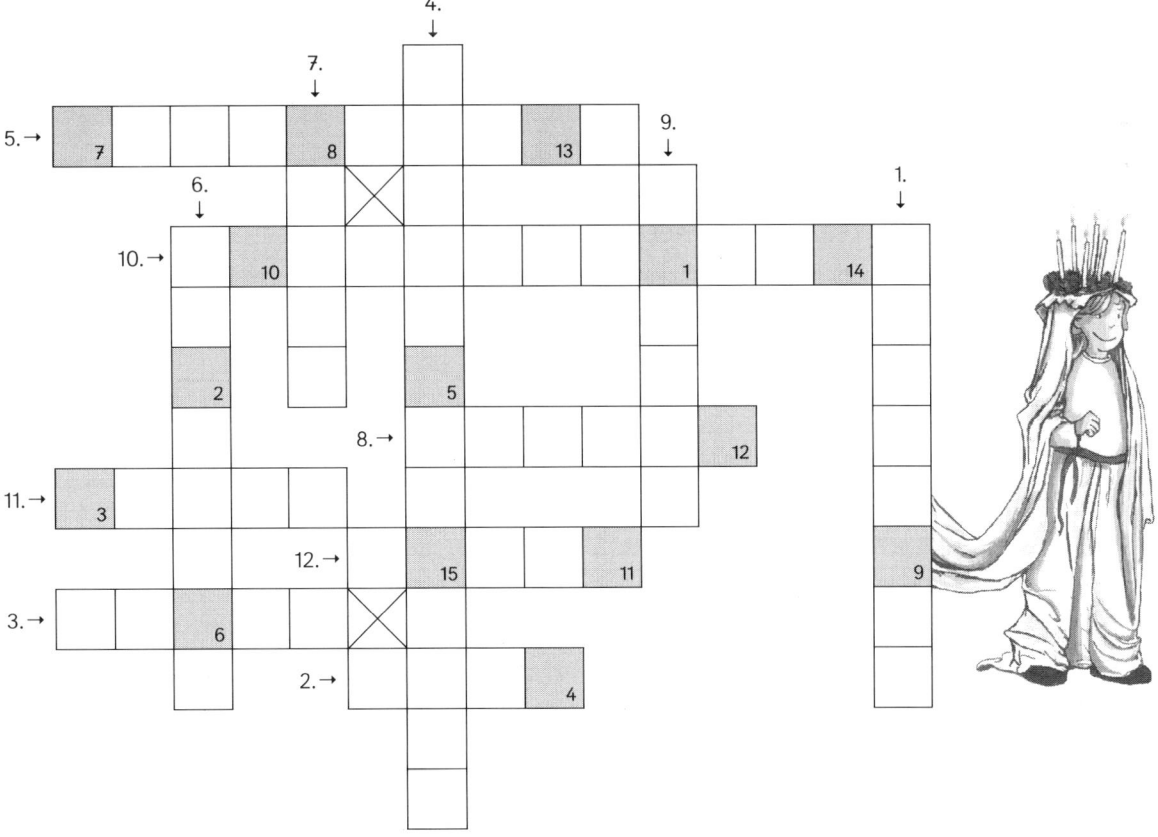

Das Lösungswort lautet: 1 2 3 4 5 6 7 8 9 10 11 12 13 14 15 .

Die Heilige Nacht – Ein Krippenspiel (1)

(Maria und Josef laufen umher. Josef stützt Maria.)	
Erzähler:	Weil Kaiser Augustus befohlen hatte, dass jeder Mann in seine Heimatstadt reisen musste, um sich zählen zu lassen, sind Josef und seine Verlobte Maria auf dem weiten Weg nach Bethlehem. Maria ist schwanger und möchte sich ausruhen, als sie dort ankommen. Deshalb suchen sie nach einer Unterkunft für die Nacht.
(Josef klopft an die Tür einer Herberge.)	
Wirt 1:	Wer stört?
Josef:	Wir suchen ein Bett. Können wir in Ihrem Haus übernachten?
Wirt 1 (unfreundlich):	Ich habe nichts frei. Geht weiter!
(Josef klopft an die nächste Tür.)	
Wirt 2 (mürrisch):	Was wollt ihr?
Josef (bittend):	Meine Frau und ich brauchen eine Bleibe für heute Nacht.
Wirt 2:	In meinem Haus ist alles belegt. Ich kann euch nur einen Platz in meinem Stall bei Ochs und Esel anbieten.
Maria (müde):	Mir soll es recht sein. Ich muss mich ausruhen. Da stören mich auch der Ochs und der Esel nicht.
Wirt 2:	Kommt, ich zeige euch den Weg!
(Maria und Josef gehen mit dem Wirt zum Stall.)	
Erzähler:	In der Nacht kommt im Stall ein kleiner Junge zur Welt. Maria und Josef wickeln ihn in Tücher und legen ihn in die Futterkrippe.
(Maria und Josef sitzen im Stall bei der Krippe, Ochs und Esel stehen dabei.)	
Erzähler:	Auf einem Feld in der Nähe des Stalles sitzen Hirten bei ihren Schafen und halten Wache. Auf einmal wird es sehr hell.
(Den Engel mit einer Lampe anstrahlen.)	

Die Heilige Nacht – Ein Krippenspiel (2)

Hirte 1 (erschrocken):	Was ist hier los? Warum ist es plötzlich so hell?
(Die Schafe blöken.)	
Hirte 2 (aufgeregt):	Sieh nur, ein Engel!
Engel (sehr feierlich):	Fürchtet euch nicht! Ich komme, um euch zu erzählen, dass heute euer Erlöser geboren wurde. Ihr findet ihn in Tücher gewickelt in einem Stall ganz in eurer Nähe.
(Viele weitere Engel erscheinen.)	
Engelschar (gemeinsam):	Ehre sei Gott in der Höhe und Friede auf Erden bei den Menschen seines Wohlgefallens.
(Die Engel gehen ab.)	
Hirte 1 (freudig):	Lasst uns nach Bethlehem gehen und diesen Stall suchen.
Hirte 2 (beschwingt):	Ja, ich möchte sehen, ob die Geschichte, die die Engel erzählt haben, stimmt. Komm mit!
(Die Hirten laufen los. Einige Schafe kommen mit.)	
Erzähler:	Die Hirten machen sich auf den Weg nach Bethlehem. Dort finden sie den Stall so, wie es der Engel beschrieben hat.
Josef (freundlich):	Kommt herein und schaut euch unseren kleinen Jesus an!
Hirte 1:	Ein Engel kam und erzählte uns, dass das Kind in der Krippe unser Erlöser ist und große Freude über alle Menschen bringen wird.
Hirte 2 (fröhlich):	Wir sollen allen Menschen berichten, welches Wunder hier geschehen ist!
(Die Hirten verlassen mit ihren Schafen den Stall.)	
Erzähler:	So erzählten die Hirten den Menschen, was in dem kleinen Stall in Bethlehem geschehen war. Manche Menschen wollten es nicht glauben, andere gingen selbst zum Stall, um das Jesuskind zu begrüßen.

Schöne Weihnachtszeit

Meine Weihnachtspost

Es gibt auf der ganzen Welt Postämter, an die Kinder in der Adventszeit Briefe und Wunschzettel schicken können, die für den Weihnachtsmann oder das Christkind bestimmt sind.

 Schreibe selbst an den Weihnachtsmann oder das Christkind. Hier sind die Adressen.

Nordpol (Grönland)
Santa Claus Nordpolen
Julemandens Postkontor
DK-3900 Nuuk

An das Christkind
Kirchplatz 3
97267 Himmelstadt

Schöne Weihnachtszeit

Wir backen Haselnusskipferl

für 60 bis 70 Kipferl

Du brauchst:
- 250 g Mehl
- Schüssel
- 70 g Zucker
- 200 g weiche Butter
- 100 g gemahlene Haselnüsse

So geht's:
1. Gib das Mehl in eine Schüssel und füge den Zucker und die Butter hinzu.
2. Verrühre die Zutaten mit den gemahlenen Haselnüssen und verknete alles zu einem Teig.
3. Forme zum Schluss aus dem Teig kleine Halbmonde (Kipferl).
4. Lege die Kipferl auf ein Backblech und lass sie 15 Minuten bei 170 Grad im Backofen backen.